2021
2022

AGENDA

Dettagli personali

Nome :

Telefono :
Indirizzo :

Email :

Fax :

Conto bancario N° :

Carta identita N° :

Passaporto N°:

Gruppo di sangue :
Diverso :

Lista di contatti :

Nome	Indirizzo	TEL	MAIL

Lista di contatti :

Nome	Indirizzo	TEL	MAIL

Lista di contatti :

Nome	Indirizzo	TEL	MAIL

Lista di contatti :

Nome	Indirizzo	TEL	MAIL

Maggio 2021

Lun **31**

·············· Giugno 2021 ··················

Mar **1**

Mer **2**

Giugno 2021

	Giugno 2021					
L	M	M	G	V	S	D
	1	2	3	4	5	6
7	8	9	10	11	12	13
14	15	16	17	18	19	20
21	22	23	24	25	26	27
28	29	30				

Gio **3**

Ven **4**

Sab **5**

Dom **6**

Giugno 2021

Lun **7**

Mar **8**

Mer **9**

Giugno 2021

		Giugno 2021				
L	**M**	**M**	**G**	**V**	**S**	**D**
	1	2	3	4	5	6
7	8	9	10	11	12	13
14	15	16	17	18	19	20
21	22	23	24	25	26	27
28	29	30				

Gio **10**

Ven **11**

Sab **12**

Dom **13**

Lun **14**

Mar **15**

Mer **16**

Giugno 2021

Gio **17**

L	M	M	G	V	S	D
	1	2	3	4	5	6
7	8	9	10	11	12	13
14	15	16	17	18	19	20
21	22	23	24	25	26	27
28	29	30				

Ven **18**

Sab **19**

Dom **20**

Lun **21**

Mar **22**

Mer **23**

Giugno 2021

	Giugno 2021					
L	M	M	G	V	S	D
	1	2	3	4	5	6
7	8	9	10	11	12	13
14	15	16	17	18	19	20
21	22	23	24	25	26	27
28	29	30				

Gio **24**

Ven **25**

Sab **26**

Dom **27**

Giugno 2021

L	M	M	G	V	S	D
	1	2	3	4	5	6
7	8	9	10	11	12	13
14	15	16	17	18	19	20
21	22	23	24	25	26	27
28	29	30				

Lun **28**

Mar **29**

Mer **30**

Luglio 2021

Gio **1**

Ven **2**

Sab **3**

Dom **4**

Lun **5**

Mar **6**

Mer **7**

Luglio 2021

Luglio 2021						
L	M	M	G	V	S	D
			1	2	3	4
5	6	7	8	9	10	11
12	13	14	15	16	17	18
19	20	21	22	23	24	25
26	27	28	29	30	31	

Gio **8**

Ven **9**

Sab **10**

Dom **11**

Lun **12**

Mar **13**

Mer **14**

Luglio 2021

Luglio 2021						
L	M	M	G	V	S	D
			1	2	3	4
5	6	7	8	9	10	11
12	13	14	15	16	17	18
19	20	21	22	23	24	25
26	27	28	29	30	31	

Gio **15**

Ven **16**

Sab **17**

Dom **18**

Lun **19**

Mar **20**

Mer **21**

Luglio 2021

L	M	M	G	V	S	D
			1	2	3	4
5	6	7	8	9	10	11
12	13	14	15	16	17	18
19	20	21	22	23	24	25
26	27	28	29	30	31	

Gio **22**

Ven **23**

Sab **24**

Dom **25**

Lun **26**

Mar **27**

Mer **28**

Luglio 2021

	L	M	M	G	V	S	D
				1	2	3	4
	5	6	7	8	9	10	11
	12	13	14	15	16	17	18
	19	20	21	22	23	24	25
	26	27	28	29	30	31	

Gio **29**

Ven **30**

Sab **31**

.... Agosto 2021 ......

Dom **1**

Lun **2**

Mar **3**

Mer **4**

Agosto 2021

	Agosto 2021					
L	**M**	**M**	**G**	**V**	**S**	**D**
						1
2	3	4	5	6	7	**8**
9	10	11	12	13	14	**15**
16	17	18	19	20	21	**22**
23	24	25	26	27	28	**29**
30	31					

Gio **5**

Ven **6**

Sab **7**

Dom **8**

Lun **9**

Mar **10**

Mer **11**

Agosto 2021

	Agosto 2021					
L	M	M	G	V	S	D
						1
2	3	4	5	6	7	8
9	10	11	12	13	14	15
16	17	18	19	20	21	22
23	24	25	26	27	28	29
30	31					

Gio **12**

Ven **13**

Sab **14**

Dom **15**

Lun **16**

Mar **17**

Mer **18**

Agosto 2021

Agosto 2021						
L	M	M	G	V	S	D
						1
2	3	4	5	6	7	8
9	10	11	12	13	14	15
16	17	18	19	20	21	22
23	24	25	26	27	28	29
30	31					

Gio **19**

Ven **20**

Sab **21**

Dom **22**

Lun **23**

Mar **24**

Mer **25**

Agosto 2021

Gio **26**

Ven **27**

Sab **28**

Dom **29**

Agosto 2021

Lun **30**

Mar **31**

.... Settembre 2021 ....

Mer **1**

Settembre 2021

Settembre 2021						
L	M	M	G	V	S	D
		1	2	3	4	5
6	7	8	9	10	11	12
13	14	15	16	17	18	19
20	21	22	23	24	25	26
27	28	29	30			

Gio **2**

Ven **3**

Sab **4**

Dom **5**

Settembre 2021

Lun **6**

Mar **7**

Mer **8**

Settembre 2021

		Settembre 2021				
L	**M**	**M**	**G**	**V**	**S**	**D**
		1	2	3	4	5
6	7	8	9	10	11	12
13	14	15	16	17	18	19
20	21	22	23	24	25	26
27	28	29	30			

Gio **9**

Ven **10**

Sab **11**

Dom **12**

Lun **13**

Mar **14**

Mer **15**

Settembre 2021

| Settembre 2021 | | | | | | |
L	M	M	G	V	S	D
		1	2	3	4	5
6	7	8	9	10	11	12
13	14	15	16	17	18	19
20	21	22	23	24	25	26
27	28	29	30			

Gio **16**

Ven **17**

Sab **18**

Dom **19**

Lun **20**

Mar **21**

Mer **22**

Settembre 2021

	Settembre 2021					
L	M	M	G	V	S	D
		1	2	3	4	5
6	7	8	9	10	11	12
13	14	15	16	17	18	19
20	21	22	23	24	25	26
27	28	29	30			

Gio **23**

Ven **24**

Sab **25**

Dom **26**

Lun **27**

Mar **28**

Mer **29**

Settembre 2021

Gio 30

L	M	M	G	V	S	D
		1	2	3	4	5
6	7	8	9	10	11	12
13	14	15	16	17	18	19
20	21	22	23	24	25	26
27	28	29	30			

………….... Ottobre 2021 ………………..

Ven 1

Sab 2

Dom 3

Ottobre 2021

Lun **4**

Mar **5**

Mer **6**

Ottobre 2021

Gio **7**

Ven **8**

Sab **9**

Dom **10**

Lun **11**

Mar **12**

Mer **13**

Ottobre 2021

Gio **14**

Ven **15**

Sab **16**

Dom **17**

Lun **18**

Mar **19**

Mer **20**

Ottobre 2021

			Ottobre 2021			
L	M	M	G	V	S	D
				1	2	3
4	5	6	7	8	9	10
11	12	13	14	15	16	17
18	19	20	21	22	23	24
25	26	27	28	29	30	31

Gio **21**

Ven **22**

Sab **23**

Dom **24**

Lun **25**

Mar **26**

Mer **27**

Ottobre 2021

Gio **28**

Ven **29**

Sab **30**

Dom **31**

Novembre 2021

Lun **1**

Mar **2**

Mer **3**

Novembre 2021

Gio **4**

Ven **5**

Sab **6**

Dom **7**

Lun **8**

Mar **9**

Mer **10**

Novembre 2021

	Novembre 2021					
L	M	M	G	V	S	D
1	2	3	4	5	6	7
8	9	10	11	12	13	14
15	16	17	18	19	20	21
22	23	24	25	26	27	28
29	30					

Gio **11**

Ven **12**

Sab **13**

Dom **14**

Lun **15**

Mar **16**

Mer **17**

Novembre 2021

		Novembre 2021				
L	**M**	**M**	**G**	**V**	**S**	**D**
1	2	3	4	5	6	**7**
8	9	10	11	12	13	**14**
15	16	17	18	19	20	**21**
22	23	24	25	26	27	**28**
29	30					

Gio **18**

Ven **19**

Sab **20**

Dom **21**

Lun **22**

Mar **23**

Mer **24**

Novembre 2021

<table>
<tr><td colspan="7">Novembre 2021</td></tr>
<tr><td>L</td><td>M</td><td>M</td><td>G</td><td>V</td><td>S</td><td>D</td></tr>
<tr><td>1</td><td>2</td><td>3</td><td>4</td><td>5</td><td>6</td><td>7</td></tr>
<tr><td>8</td><td>9</td><td>10</td><td>11</td><td>12</td><td>13</td><td>14</td></tr>
<tr><td>15</td><td>16</td><td>17</td><td>18</td><td>19</td><td>20</td><td>21</td></tr>
<tr><td>22</td><td>23</td><td>24</td><td>25</td><td>26</td><td>27</td><td>28</td></tr>
<tr><td>29</td><td>30</td><td></td><td></td><td></td><td></td><td></td></tr>
</table>

Gio **25**

Ven **26**

Sab **27**

Dom **28**

Novembre 2021

	L	M	M	G	V	S	D
	1	2	3	4	5	6	7
	8	9	10	11	12	13	14
	15	16	17	18	19	20	21
	22	23	24	25	26	27	28
	29	30					

Lun **29**

Mar **30**

.... Dicembre 2021 ....

Mer **1**

Dicembre 2021

L	M	M	G	V	S	D
		1	2	3	4	5
6	7	8	9	10	11	12
13	14	15	16	17	18	19
20	21	22	23	24	25	26
27	28	29	30	31		

Gio **2**

Ven **3**

Sab **4**

Dom **5**

Lun **6**

Mar **7**

Mer **8**

Dicembre 2021

Gio **9**

Ven **10**

Sab **11**

Dom **12**

Lun **13**

Mar **14**

Mer **15**

Dicembre 2021

Dicembre 2021						
L	M	M	G	V	S	D
		1	2	3	4	5
6	7	8	9	10	11	12
13	14	15	16	17	18	19
20	21	22	23	24	25	26
27	28	29	30	31		

Gio **16**

Ven **17**

Sab **18**

Dom **19**

Lun **20**

Mar **21**

Mer **22**

Dicembre 2021

Dicembre 2021						
L	M	M	G	V	S	D
		1	2	3	4	5
6	7	8	9	10	11	12
13	14	15	16	17	18	19
20	21	22	23	24	25	26
27	28	29	30	31		

Gio **23**

Ven **24**

Sab **25**

Dom **26**

Lun **27**

Mar **28**

Mer **29**

Dicembre 2021

Gio **30**

Ven **31**

2022

AGENDA

Gennaio 2022

<table>
<tr><td colspan="7">Gennaio 2022</td></tr>
<tr><td>L</td><td>M</td><td>M</td><td>G</td><td>V</td><td>S</td><td>D</td></tr>
<tr><td></td><td></td><td></td><td></td><td></td><td>1</td><td>2</td></tr>
<tr><td>3</td><td>4</td><td>5</td><td>6</td><td>7</td><td>8</td><td>9</td></tr>
<tr><td>10</td><td>11</td><td>12</td><td>13</td><td>14</td><td>15</td><td>16</td></tr>
<tr><td>17</td><td>18</td><td>19</td><td>20</td><td>21</td><td>22</td><td>23</td></tr>
<tr><td>24</td><td>25</td><td>26</td><td>27</td><td>28</td><td>29</td><td>30</td></tr>
<tr><td>31</td><td></td><td></td><td></td><td></td><td></td><td></td></tr>
</table>

Sab **1**

Dom **2**

Lun **3**

Mar **4**

Mer **5**

Gennaio 2022

| | Gennaio 2022 | | | | | |
L	M	M	G	V	S	D
					1	2
3	4	5	6	7	8	9
10	11	12	13	14	15	16
17	18	19	20	21	22	23
24	25	26	27	28	29	30
31						

Gio **6**

Ven **7**

Sab **8**

Dom **9**

Gennaio 2022

Lun **10**

Mar **11**

Mer **12**

Gennaio 2022

<table>
<tr><td>Gennaio 2022</td></tr>
<tr><td>L</td><td>M</td><td>M</td><td>G</td><td>V</td><td>S</td><td>D</td></tr>
<tr><td></td><td></td><td></td><td></td><td></td><td>1</td><td>2</td></tr>
<tr><td>3</td><td>4</td><td>5</td><td>6</td><td>7</td><td>8</td><td>9</td></tr>
<tr><td>10</td><td>11</td><td>12</td><td>13</td><td>14</td><td>15</td><td>16</td></tr>
<tr><td>17</td><td>18</td><td>19</td><td>20</td><td>21</td><td>22</td><td>23</td></tr>
<tr><td>24</td><td>25</td><td>26</td><td>27</td><td>28</td><td>29</td><td>30</td></tr>
<tr><td>31</td><td></td><td></td><td></td><td></td><td></td><td></td></tr>
</table>

Gio **13**

Ven **14**

Sab **15**

Dom **16**

Lun **17**

Mar **18**

Mer **19**

Gennaio 2022

| **Gennaio 2022** | | | | | | |
L	M	M	G	V	S	D
					1	2
3	4	5	6	7	8	9
10	11	12	13	14	15	16
17	18	19	20	21	22	23
24	25	26	27	28	29	30
31						

Gio **20**

Ven **21**

Sab **22**

Dom **23**

Lun **24**

Mar **25**

Mer **26**

Gennaio 2022

Gennaio 2022						
L	M	M	G	V	S	D
					1	2
3	4	5	6	7	8	9
10	11	12	13	14	15	16
17	18	19	20	21	22	23
24	25	26	27	28	29	30
31						

Gio **27**

Ven **28**

Sab **29**

Dom **30**

Gennaio 2022

Lun **31**

.... Febbraio 2022 ....

Mar **1**

Mer **2**

Febbraio 2022

Febbraio 2022						
L	M	M	G	V	S	D
	1	2	3	4	5	6
7	8	9	10	11	12	13
14	15	16	17	18	19	20
21	22	23	24	25	26	27
28						

Gio **3**

Ven **4**

Sab **5**

Dom **6**

Lun **7**

Mar **8**

Mer **9**

Febbraio 2022

	Febbraio 2022					
L	**M**	**M**	**G**	**V**	**S**	**D**
	1	2	3	4	5	6
7	8	9	10	11	12	13
14	15	16	17	18	19	20
21	22	23	24	25	26	27
28						

Gio **10**

Ven **11**

Sab **12**

Dom **13**

Lun **14**

Mar **15**

Mer **16**

Febbraio 2022

| | Febbraio 2022 | | | | | |
L	M	M	G	V	S	D
	1	2	3	4	5	6
7	8	9	10	11	12	13
14	15	16	17	18	19	20
21	22	23	24	25	26	27
28						

Gio **17**

Ven **18**

Sab **19**

Dom **20**

Lun **21**

Mar **22**

Mer **23**

Febbraio 2022

Gio **24**

Ven **25**

Sab **26**

Dom **27**

Lun **28**

.... Marzo 2022 ....

Mar **1**

Mer **2**

Marzo 2022

L	M	M	G	V	S	D
	1	2	3	4	5	6
7	8	9	10	11	12	13
14	15	16	17	18	19	20
21	22	23	24	25	26	27
28	29	30	31			

Gio **3**

Ven **4**

Sab **5**

Dom **6**

Lun **7**

Mar **8**

Mer **9**

Marzo 2022

Gio **10**

Ven **11**

Sab **12**

Dom **13**

Marzo 2022

Lun **14**

Mar **15**

Mer **16**

Marzo 2022

<table>
<tr><td colspan="7">Marzo 2022</td></tr>
<tr><td>L</td><td>M</td><td>M</td><td>G</td><td>V</td><td>S</td><td>D</td></tr>
<tr><td></td><td>1</td><td>2</td><td>3</td><td>4</td><td>5</td><td>6</td></tr>
<tr><td>7</td><td>8</td><td>9</td><td>10</td><td>11</td><td>12</td><td>13</td></tr>
<tr><td>14</td><td>15</td><td>16</td><td>17</td><td>18</td><td>19</td><td>20</td></tr>
<tr><td>21</td><td>22</td><td>23</td><td>24</td><td>25</td><td>26</td><td>27</td></tr>
<tr><td>28</td><td>29</td><td>30</td><td>31</td><td></td><td></td><td></td></tr>
</table>

Gio **17**

Ven **18**

Sab **19**

Dom **20**

Lun **21**

Mar **22**

Mer **23**

Marzo 2022

Gio **24**

Ven **25**

Sab **26**

Dom **27**

Lun **28**

Mar **29**

Mer **30**

Marzo 2022

L	M	M	G	V	S	D
	1	2	3	4	5	6
7	8	9	10	11	12	13
14	15	16	17	18	19	20
21	22	23	24	25	26	27
28	29	30	31			

Gio **31**

………Aprile 2022………

Ven **1**

Sab **2**

Dom **3**

Lun **4**

Mar **5**

Mer **6**

Aprile 2022

| **Aprile 2022** | | | | | | |
L	M	M	G	V	S	D
				1	2	3
4	5	6	7	8	9	10
11	12	13	14	15	16	17
18	19	20	21	22	23	24
25	26	27	28	29	30	

Gio **7**

Ven **8**

Sab **9**

Dom **10**

Lun **11**

Mar **12**

Mer **13**

Aprile 2022

Aprile 2022						
L	M	M	G	V	S	D
				1	2	3
4	5	6	7	8	9	10
11	12	13	14	15	16	17
18	19	20	21	22	23	24
25	26	27	28	29	30	

Gio **14**

Ven **15**

Sab **16**

Dom **17**

Lun **18**

Mar **19**

Mer **20**

Aprile 2022

Aprile 2022						
L	M	M	G	V	S	D
				1	2	3
4	5	6	7	8	9	10
11	12	13	14	15	16	17
18	19	20	21	22	23	24
25	26	27	28	29	30	

Gio **21**

Ven **22**

Sab **23**

Dom **24**

Lun **25**

Mar **26**

Mer **27**

Aprile 2022

L	M	M	G	V	S	D
				1	2	3
4	5	6	7	8	9	10
11	12	13	14	15	16	17
18	19	20	21	22	23	24
25	26	27	28	29	30	

Gio **28**

Ven **29**

Sab **30**

.... Maggio 2022 .....

Dom **1**

Lun **2**

Mar **3**

Mer **4**

Maggio 2022

| | Maggio 2022 | | | | | |
L	M	M	G	V	S	D
						1
2	3	4	5	6	7	8
9	10	11	12	13	14	15
16	17	18	19	20	21	22
23	24	25	26	27	28	29
30	31					

Gio **5**

Ven **6**

Sab **7**

Dom **8**

Lun **9**

Mar **10**

Mer **11**

Maggio 2022

| **Maggio 2022** | | | | | | |
L	M	M	G	V	S	D
						1
2	3	4	5	6	7	8
9	10	11	12	13	14	15
16	17	18	19	20	21	22
23	24	25	26	27	28	29
30	31					

Gio **12**

Ven **13**

Sab **14**

Dom **15**

Lun **16**

Mar **17**

Mer **18**

Maggio 2022

Gio **19**

Ven **20**

Sab **21**

Dom **22**

Lun **23**

Mar **24**

Mer **25**

Maggio 2022

	Maggio 2022					
L	**M**	**M**	**G**	**V**	**S**	**D**
						1
2	3	4	5	6	7	8
9	10	11	12	13	14	15
16	17	18	19	20	21	22
23	24	25	26	27	28	29
30	31					

Gio **26**

Ven **27**

Sab **28**

Dom **29**

Maggio 2022

| **Maggio 2022** | | | | | | |
L	M	M	G	V	S	D
						1
2	3	4	5	6	7	8
9	10	11	12	13	14	15
16	17	18	19	20	21	22
23	24	25	26	27	28	29
30	31					

Lun **30**

Mar **31**

.... Giugno 2022 ......

Mer **1**

Giugno 2022

| **Giugno 2022** | | | | | | |
L	M	M	G	V	S	D
		1	2	3	4	5
6	7	8	9	10	11	12
13	14	15	16	17	18	19
20	21	22	23	24	25	26
27	28	29	30			

Gio **2**

Ven **3**

Sab **4**

Dom **5**

Lun **6**

Mar **7**

Mer **8**

Giugno 2022

Gio **9**

Ven **10**

Sab **11**

Dom **12**

Lun **13**

Mar **14**

Mer **15**

Giugno 2022

Gio **16**

Ven **17**

Sab **18**

Dom **19**

Lun **20**

Mar **21**

Mer **22**

Giugno 2022

L	M	M	G	V	S	D
		1	2	3	4	5
6	7	8	9	10	11	12
13	14	15	16	17	18	19
20	21	22	23	24	25	26
27	28	29	30			

Gio **23**

Ven **24**

Sab **25**

Dom **26**

Lun **27**

Mar **28**

Mer **29**

Giugno 2022

Gio **30**

L	M	M	G	V	S	D
		1	2	3	4	5
6	7	8	9	10	11	12
13	14	15	16	17	18	19
20	21	22	23	24	25	26
27	28	29	30			

Date importanti

Gennaio

Febbraio

Marzo

Aprile

Maggio

Giugno

Date importanti

Luglio

Agosto

Settembre

Ottobre

Novembre

Dicembre

Panoramica dell'anno 2021

Gennaio 2021

L	M	M	G	V	S	D
				1	2	3
4	5	6	7	8	9	10
11	12	13	14	15	16	17
18	19	20	21	22	23	24
25	26	27	28	29	30	31

Febbraio 2021

L	M	M	G	V	S	D
1	2	3	4	5	6	7
8	9	10	11	12	13	14
15	16	17	18	19	20	21
22	23	24	25	26	27	28

Marzo 2021

L	M	M	G	V	S	D
1	2	3	4	5	6	7
8	9	10	11	12	13	14
15	16	17	18	19	20	21
22	23	24	25	26	27	28
29	30	31				

Aprile 2021

L	M	M	G	V	S	D
			1	2	3	4
5	6	7	8	9	10	11
12	13	14	15	16	17	18
19	20	21	22	23	24	25
26	27	28	29	30		

Maggio 2021

L	M	M	G	V	S	D
					1	2
3	4	5	6	7	8	9
10	11	12	13	14	15	16
17	18	19	20	21	22	23
24	25	26	27	28	29	30
31						

Giugno 2021

L	M	M	G	V	S	D
	1	2	3	4	5	6
7	8	9	10	11	12	13
14	15	16	17	18	19	20
21	22	23	24	25	26	27
28	29	30				

Luglio 2021

L	M	M	G	V	S	D
			1	2	3	4
5	6	7	8	9	10	11
12	13	14	15	16	17	18
19	20	21	22	23	24	25
26	27	28	29	30	31	

Agosto 2021

L	M	M	G	V	S	D
						1
2	3	4	5	6	7	8
9	10	11	12	13	14	15
16	17	18	19	20	21	22
23	24	25	26	27	28	29
30	31					

Settembre 2021

L	M	M	G	V	S	D
		1	2	3	4	5
6	7	8	9	10	11	12
13	14	15	16	17	18	19
20	21	22	23	24	25	26
27	28	29	30			

Ottobre 2021

L	M	M	G	V	S	D
				1	2	3
4	5	6	7	8	9	10
11	12	13	14	15	16	17
18	19	20	21	22	23	24
25	26	27	28	29	30	31

Novembre 2021

L	M	M	G	V	S	D
1	2	3	4	5	6	7
8	9	10	11	12	13	14
15	16	17	18	19	20	21
22	23	24	25	26	27	28
29	30					

Dicembre 2021

L	M	M	G	V	S	D
		1	2	3	4	5
6	7	8	9	10	11	12
13	14	15	16	17	18	19
20	21	22	23	24	25	26
27	28	29	30	31		

Panoramica dell'anno 2022

Gennaio 2022

L	M	M	G	V	S	D
					1	2
3	4	5	6	7	8	9
10	11	12	13	14	15	16
17	18	19	20	21	22	23
24	25	26	27	28	29	30
31						

Febbraio 2022

L	M	M	G	V	S	D
	1	2	3	4	5	6
7	8	9	10	11	12	13
14	15	16	17	18	19	20
21	22	23	24	25	26	27
28						

Marzo 2022

L	M	M	G	V	S	D
	1	2	3	4	5	6
7	8	9	10	11	12	13
14	15	16	17	18	19	20
21	22	23	24	25	26	27
28	29	30	31			

Aprile 2022

L	M	M	G	V	S	D
				1	2	3
4	5	6	7	8	9	10
11	12	13	14	15	16	17
18	19	20	21	22	23	24
25	26	27	28	29	30	

Maggio 2022

L	M	M	G	V	S	D
						1
2	3	4	5	6	7	8
9	10	11	12	13	14	15
16	17	18	19	20	21	22
23	24	25	26	27	28	29
30	31					

Giugno 2022

L	M	M	G	V	S	D
		1	2	3	4	5
6	7	8	9	10	11	12
13	14	15	16	17	18	19
20	21	22	23	24	25	26
27	28	29	30			

Luglio 2022

L	M	M	G	V	S	D
				1	2	3
4	5	6	7	8	9	10
11	12	13	14	15	16	17
18	19	20	21	22	23	24
25	26	27	28	29	30	31

Agosto 2022

L	M	M	G	V	S	D
1	2	3	4	5	6	7
8	9	10	11	12	13	14
15	16	17	18	19	20	21
22	23	24	25	26	27	28
29	30	31				

Settembre 2022

L	M	M	G	V	S	D
			1	2	3	4
5	6	7	8	9	10	11
12	13	14	15	16	17	18
19	20	21	22	23	24	25
26	27	28	29	30		

Ottobre 2022

L	M	M	G	V	S	D
					1	2
3	4	5	6	7	8	9
10	11	12	13	14	15	16
17	18	19	20	21	22	23
24	25	26	27	28	29	30
31						

Novembre 2022

L	M	M	G	V	S	D
	1	2	3	4	5	6
7	8	9	10	11	12	13
14	15	16	17	18	19	20
21	22	23	24	25	26	27
28	29	30				

Dicembre 2022

L	M	M	G	V	S	D
			1	2	3	4
5	6	7	8	9	10	11
12	13	14	15	16	17	18
19	20	21	22	23	24	25
26	27	28	29	30	31	